Die Deutsche Bibliothek – CIP-Einheitsaufnahme

Ein Spatz im Zoo / Christiane Adrian.
Mit Bildern von Pieter Kunstreich. - München : Ars.-Ed., 2001
ISBN 3-7607-1320-3

Redaktion: Daniela Filthaut
Printed in Belgium
ISBN 3-7607-1320-3

Ein Spatz im Zoo

Erzählt von Christine Adrian
mit Bildern von Pieter Kunstreich

arsEdition

Rüssel schwingen hin und her, Heu wird zermahlen, Ohren fächeln Luft zu, Mist klatscht auf den Boden. Die Elefanten lassen sich von den Spatzen überhaupt nicht stören.
Wenn die kleinen Spatzenkinder allein im Nest warten, horchen sie still auf die vertrauten Geräusche.
Sobald aber die Eltern herbeiflattern mit Futter im Schnabel, ist gleich was los. Die Hälse hochgereckt, die Schnäbel weit aufgerissen, schreien die Kleinen, so laut sie können.
»Hunger, Hunger! Gib mir zuerst«, bedeutet das.
Und Papa Spatz und Mama Spatz rackern vom ersten Morgenlicht bis in die Nacht. Blattläuse, Räupchen, Würmchen, Unkrautsamen, Brotkrümel und süße Früchte. Alles, was die richtige Größe hat, wird eingesammelt und der Kinderschar verfüttert.

Die kleinen Spatzen wachsen schnell. Sie bekommen Federn, sie werden immer lebhafter und vor allem immer lauter. Eines Tages wundert sich die alte Elefantenkuh Rami mitten beim Frühstück: »Was zum Teufel ist da oben eigentlich los?« Und sie streckt ihren Rüssel rauf, um zu riechen. Oben am Nest erscheinen plötzlich zwei schwarze Löcher, die schnaufen und pusten, dass sich den Spätzchen die Federn sträuben. Sie kreischen und flattern, und schon sind sie nicht mehr im Nest, sondern in der Luft.
Es geht abwärts. Alles Flügelschlagen hilft nicht viel. Letzte Rettung: Ramis breiter Rücken. Darauf machen die Spatzenkinder eines nach dem anderen eine Bauchlandung.

Es dauert nicht lange, da führen die Spatzeneltern ihre Kinder von den Elefanten fort und locken sie zu den Wasservögeln. Gerade wurde das Geflügel gefüttert, mit allerbestem »Spatzenfutter«. Papa Spatz braucht nur noch einzusammeln und den Jungen die Schnäbel damit zu stopfen. Jetzt ist Oskar an der Reihe. Er bettelt den Vater an, als wäre er kurz vor dem Verhungern, und dabei sieht man das kleine, weiße Federchen an seinem Flügel. Oskar ist ein ganz besonderer Spatz. Denn er ist etwas frecher als die anderen und vor allem mutiger.

Ruckzuck hat Oskar das Fliegen und Selberfressen gelernt. Und er kennt auch die Futterplätze und Fütterungszeiten vom ganzen Zoo auswendig. Kaum haben die Schimpansen ihr Obst bekommen, ist Oskar schon zur Stelle. Er weiß, die Affen gehen ziemlich verschwenderisch mit ihrem Futter um.
Und richtig: Schon bald ist der Boden übersät mit Apfelschalen, -resten und Krümeln. Viele Spatzen stürzen sich auf die Reste. Nur Oskar hält nicht viel von Äpfeln. Er schwärmt für Bananen. Er hat ein kleines Stück erspäht. Gierig versucht er, es in einem Bissen runterzuwürgen, damit niemand es ihm wegnehmen kann.
Das beobachtet Mick, das Schimpansenkind. Es juckt ihn in den Fingern, und schon grapscht er nach Oskar. Mick hat Pech. Er erwischt nur ein paar Schwanzfedern.
Oskar hat Glück. Er konnte fliehen. Aber das Bananenstück ist ihm vor Schreck wieder aus dem Schnabel gefallen.

Von dem Schreck muss Oskar sich erst mal erholen. Ein Sandbad wäre jetzt gerade richtig. Und nirgendwo im ganzen Zoo gibt es dafür so feinen trockenen Sand wie bei den Löwen.
Oskar ist noch misstrauisch. Geht der kleine Kerl da etwa auch auf Spatzenjagd? Er tut es nicht, er schläft fest. Außerdem passen immer ein, zwei alte Spatzen auf.
Ein Löwenblinzeln genügt, und die ganze Mannschaft saust davon. Aber nun ist alles ruhig.
Oskar staubt sich von oben bis unten ein. Macht das Spaß! Denn seinen Flöhen, Milben und Zecken geht dabei ganz fix die Luft aus.

Spatzentage sind lang und oft furchtbar aufregend. Wenn der Abend kommt, ist Oskar todmüde. Er fliegt auf einen Baum zu all den anderen Spatzen. Dort fühlt er sich sicher. Er kuschelt sich eng an seine Nachbarn. Er dreht den Kopf nach hinten, steckt den Schnabel von oben in den Flügel, macht die Augen zu und schläft ein.
Und warum fällt er dann nicht runter?
Das ist so ein Geheimnis der Spatzen: Sobald sie auf einem Ast sitzen, packen die Zehen automatisch fest zu. Sie lassen erst los, wenn der Vogel am nächsten Morgen aufsteht und die Beine streckt.

Heute ist ein wunderschöner Sommertag. Fast alle Tiere im Zoo halten ihren Mittagsschlaf. Alle außer den Spatzen. Sie gehen jetzt bei den Bibern baden. Oskar entdeckt, dass Wasserbaden mindestens so viel Spaß macht wie Sandbaden. Übermütig schlägt er mit den Flügeln im Wasser. Er tunkt Kopf und Rücken unter.

Bald ist er nass bis auf die Haut. Er hüpft auf einen Stein und schüttelt sich. Trotzdem kann er nicht mehr fliegen. Jedes Federchen muss er jetzt neu ordnen und glätten. Das dauert! Schließlich kratzt er noch die Kopffedern in die richtige Lage und ist fertig. Ist er nicht ein hübscher Typ?

Es ist kalt geworden. Viele Tiere sind aus den Freigehegen in warme Ställe umgezogen.
Aber Oskar hat keine Lust, in einem Stall zu hocken.
Ihn reizt die Tropenhalle mit den vielen Pflanzen und frei lebenden Tieren. Er beobachtet genau, wie die Menschen durch die Dunkelschleuse in die Halle gelangen. Er fürchtet sich sehr vor dem Gedränge und den vielen Füßen.
Schließlich macht er sich ganz dünn und hüpft unter einem Kinderwagen direkt in sein Spatzenparadies.
Und gleich bekommt er einen Schreck: Da gibt es ja auch Krokodile! Lang schaut er den anderen Vögeln zu, was sie von dem trägen Kroko halten. Dann macht er es wie alle: Er freut sich seines Lebens. Er frisst gut und reichlich und zwitschert Tschilip. Nur eins verkneift er sich hier.
Er badet niemals in diesem Wasser.

Mit dem Frühling ist Oskar wieder nach draußen gekommen. Jetzt trägt er das Federkleid eines erwachsenen Männchens. Er mischt sich unter die anderen Spatzen. Aber die haben nicht auf ihn gewartet. Die Männchen würden ihn am liebsten zum Teufel jagen. Und die Weibchen warten mal ab, ob Oskar sympathisch ist.
Das werden unruhige Tage für Oskar. Denn es wird so viel gezankt, gejagt, geflattert und getschilpt, dass sogar die großen Zebras neugierig werden. Was machen die da bloß?
Aber Oskar hat nur Augen für das Spatzenmädchen, das jetzt ganz besonders oft in seiner Nähe sitzt.

Oskar hat ein süßes Spatzenmädchen gefunden. Richtig verliebt sind die beiden. Sie fressen zusammen und baden zusammen. Sie kraulen sich gegenseitig. Er bringt ihr die allerleckersten Bissen und sie bettelt darum wie ein Vogelkind. Aber wenn ein anderer Spatzenmann in die Nähe kommt, ist Schluss mit lustig. Der soll sich bloß nicht noch mal blicken lassen!
Am schönsten aber ist die Nacht. Da kuscheln die beiden ganz eng auf ihrem Zweig.

Jetzt gehts ans Nestbauen. Hoch oben im Giraffenhaus haben die beiden Spatzen einen Platz gefunden, der ihnen sehr gefällt. Ohne Pause sammeln sie nun Heu, sausen durch das große Tor ins Haus und rauf zum Nest. Einen ziemlich großen Stapel haben die beiden Vögel schon zusammengetragen. Da kommt plötzlich eine superlange Giraffenzunge und zieht das ganze Heu zum Abendessen ins Maul. Was wird jetzt?

Nie wieder Giraffenhaus!
Die beiden suchen überall nach einem neuen, sicheren Platz für ihr Nest. Und es sieht so aus, als hätten sie ihn gefunden. Denn das Spatzenpaar fliegt schon wieder von früh bis spät hin und her: mit Heu und Haaren, mit Wolle und Federn.
Wie weich und behaglich so ein Nestchen sein muss!

Das Spatzenpaar lässt sein kostbares Nest nicht mehr aus den Augen. Die Hängebauchschweine können den Baum zwar nicht umstürzen. Und die Giraffenzungen sind diesmal bestimmt nicht lang genug. Aber ein Pärchen Kohlmeisen hatte anfangs schon versucht, in den Kasten einzuziehen. Die haben die Spatzen verjagt. Denn genau hier wollen sie nun endlich ihre eigenen Kinder aufziehen. Und dann werden sie ihnen auch zeigen, wie toll ein Spatzenleben im Zoo ist.